AF335774

(attribué par Guérard,
au Comte Alexandre-Louis-
Joseph de Laborde)

V

44860

LETTRE

A

MADAME DE GENLIS.

DE L'IMPRIMERIE DE P. DIDOT L'AÎNÉ.

LETTRE

A

MADAME DE GENLIS,

SUR

LES SONS HARMONIQUES DE LA HARPE.

A PARIS,

CHEZ MARADAN, LIBRAIRE,

RUE DES GRANDS-AUGUSTINS, N° 9.

M. DCCCVI.

LETTRE

A
MADAME DE GENLIS,

SUR
LES SONS HARMONIQUES
DE LA HARPE.

Je ne puis vous exprimer, madame,
combien j'admire le talent de votre jeune
éleve. La harpe entre ses mains est une
découverte qui rappelle les merveilles
des premiers siecles et la perfection des
temps modernes. Cet antique instrument connu de tous les peuples, étudié
dans tous les âges, cachoit encore d'an-
ciennes richesses qu'il falloit retrouver :
un enfant devoit nous rendre le psal-
térion de David, la lyre d'Orphée, et

la harpe d'Ossian. Il semble réservé au génie de franchir le point où le talent s'arrête. C'est ainsi que Viotti et Steibelt, par un nouveau genre d'exécution, sont parvenus à nous faire aimer deux instruments ingrats qui n'obtenoient jusque-là qu'une froide admiration. Le talent de Casimir votre éleve n'est pas moins extraordinaire : sa jeunesse et sa facilité lui donnent l'air de l'inspiration. Indifférent aux difficultés de l'art, qu'il a su vaincre, il emploie pour émouvoir tous les moyens que les autres inventent pour étonner. Ceux qui l'entendront ne trouveront point cet éloge exagéré ; mais un hommage particulier lui est dû par les amateurs de l'antiquité, c'est de leur avoir fait connoître ce que pouvoit être la lyre des anciens : mes idées à cet égard ayant paru vous plaire , je vais vous en soumettre de nouvelles , et tâcher de vous prouver *que la méthode des sons harmoniques , telle que Casimir l'a perfectionnée , étoit le moyen que les anciens employoient pour multiplier les sons sur la lyre et les rendre plus touchants.*

Il est difficile en effet de concilier les merveilles attribuées dans l'antiquité au son de la lyre avec la forme de cet instrument telle quelle est représentée dans les monuments et décrite dans les auteurs modernes. Que pouvoit-on exécuter sur quatre cordes attachées à vuide , ne produisant qu'un accord ou quatre notes isolées , sans pédales pour les demitons , sans manche , comme dans la guitare et le violon, pour multiplier les combinaisons, sans chevalet pour élever les sons, sans archet enfin pour les prolonger? Cependant c'est de cet instrument à trois et quatre cordes dont Terpandre et Olympe, au rapport de Plutarque, tiroient des accords si parfaits qu'on ne put jamais les égaler depuis sur des instruments d'un plus grand nombre de cordes. Le même Plutarque parle d'un certain Phrynis qui formoit sur une lyre à cinq cordes douze harmonies, expression dont il seroit trop long d'expliquer le vrai sens, mais qui prouve au moins l'étendue de l'instrument.

Platon et Aristote se plaignoient que la musique étoit dégénérée de leur temps, parcequ'elle étoit devenue trop compli-

quée. Dans la huitieme pythiade on don-
noit déja le prix de la lyre sans la voix:
ἐπὶ κρυμάτων τῶν ἀφώνων. (*Pausanias ,*
lib. X , cap. 7.) Un décret des Lacédé-
moniens obligea Timothée de Milet à re-
trancher quatre cordes sur les onze qu'il
avoit à sa lyre : il falloit donc que les anciens eussent un moyen de multiplier les
sons sur un petit nombre de cordes , de
maniere à suppléer d'abord à leur peu de
variété, et en second lieu produire sur elles
les mêmes effets que l'archet, le chevalet,
les pédales , etc. C'est un point d'autant
plus certain que sans employer toutes ces
inventions ils les connoissoient , ou du
moins , sans leur donner la forme qu'elles
ont aujourd'hui , ils en connoissoient les
effets. L'usage du chevalet se remarque
dans le *monocorde ,* décrit par Aristide-

Quintillien, et Ptolomée, et dont on at-
tribuoit l'invention à Pythagore, pour
démontrer la division des tons. Aux deux
bouts d'une regle étoit attachée une corde
sous laquelle on faisoit passer un chevalet, qui, s'arrêtant à différentes divisions
tracées sur la regle, faisoit que les différentes parties de la corde rendoient des
sons plus aigus que la corde entiere, et
donnoient ainsi la tierce, la quinte et
l'octave : souvent même on ajoutoit au
monocorde une seconde corde à l'unis-
son de la premiere, et, faisant passer
le chevalet sous une seule, on démon-
troit ainsi les accords entre les deux à la
tierce, à la quinte, et à l'octave.

Si les anciens employoient ce moyen
comme démonstration, à plus forte rai-

son devoient-ils l'appliquer au jeu de la lyre. Or la méthode des sons harmoniques n'est autre chose que cet usage : le haut de la main fait alors l'office du chevalet, et l'on parvient à exécuter sur une seule corde un accord parfait. Casimir fait plus, il produit ce même accord sur la partie supérieure et inférieure de la corde, en prenant le milieu pour la tonique du ton. On pouvoit à force d'habitude exécuter de même les tons intermédiaires et les demi-tons ; mais il y a lieu de croire que les anciens se servoient pour plus de justesse de l'usage du *plectrum*, qui se tenoit de la main droite, ce que votre éleve imite fort bien avec *la clef* de la harpe : en retenant avec cet instrument les cordes à une certaine hauteur, et glissant dessus légèrement, il produit toutes les gradations, même les plus minutieuses ; et je comprends alors pourquoi il est souvent question dans les anciens auteurs de quarts et tiers de tons auxquels nous ne faisons pas attention sur nos instruments, mais que l'on pouvoit rendre parfaitement sensibles de cette maniere. Quoique le *plectrum* dériva littéralement du mot *frapper*, πλήκτειν, cependant il est pris aussi souvent pour *jouer, moduler les sons.*

Leni modulatus pectine nervos.

CLAUDIEN, *lib. XXXIV, v.* 15.

Mytilenæo modulatur pectine Sapho.

IBID., *lib. X, v.* 235.

Plectro modulatus eburno.

TIBULLE, *Elég. IV, lib. III, v.* 39.

Pectine tentavit nobiliore lyram.

CLAUDIEN, *lib. IX, v.* 18.

Le *plectrum* par la même raison servoit à passer d'un ton dans un autre : le point où on le fixoit étoit toujours la tonique du ton majeur ou mineur. Casimir exécute sur une seule corde un accompagnement ou batterie en sons harmoniques égale en variation à trois cordes réunies de la guitare, et bien supérieure en harmonie. Il passe ainsi dans tous les tons en s'aidant de la *clef* de la harpe, et peut suivre la voix et l'accompagner dans tous les airs. Mais comme il joint à cela d'exécuter ces sons harmoniques à deux mains sur des cordes différentes, comme avec une adresse étonnante il imite à la fois le basson, le cor, et l'orgue ; comme souvent il tire avec les pouces des sons harmoniques de quelques cordes et en même temps en pince d'autres avec les autres doigts, on sent combien alors les combinaisons sur quatre cordes, montées suivant différents modes, pouvoient être multipliées. L'utilité du *plectrum* prouve évidemment qu'il n'étoit pas employé chez les anciens pour épargner les cordes ou pour en tirer un son plus sonore, comme l'ont cru la plupart des auteurs modernes. Cet instrument qu'on remarque sur presque tous les monuments étoit si nécessaire qu'Athénée cite, comme un tour de force, un certain *Epigonius*, qui jouoit de la lyre sans *plectrum* : Μουσικώτατος δὲ ὢν καταχεῖρα δίχα πλήκτρου ἔψαλλεν, *liv. IV, tom. II, p.* 191 *de l'édition de Sweighœuser.*

Cette méthode m'explique alors plusieurs passages obscurs des anciens,

entre autres celui - ci de *Quintilien*,
lib. XII, cap. X : « Lorsqu'ils eurent
« établi sur la cithare cinq tons princi-
« paux , ils remplirent après les inter-
» valles des cordes par une grande variété
« de tons, et entre ceux-ci ils en intro-
« duisirent encore d'autres ».

Il me semble que ces cinq tons princi-
paux sont les cinq cordes de la lyre qu'ils
remplissent d'une infinité d'autres tons
par le moyen des sons harmoniques. Ceux
qui ont commenté ce passage ont imaginé
des anneaux ou pédales qui divisoient la
corde en deux ou trois parties , ce dont
il n'est nullement question dans le texte :
d'autres ont cru qu'il existoit un moyen
de tendre et détendre les cordes à vo-
lonté pour en changer le son , chose aussi

peu vraisemblable. (*v. Doni., ch. IV,
pag.* 23 *et* 24.)

Au contraire de la maniere dont nous
l'entendons, et dont Casimir l'exécute,
rien n'est changé ni dans le jeu de la lyre
ni dans sa construction, les tons et demi-
tons sont produits par le *plectrum* de la
main droite et le pouce de la main gauche; en effet il est aisé d'observer que
c'est principalement le pouce que l'on
employoit dans le jeu de la lyre, de même
que c'est lui qui opere les sons harmoniques en s'aidant du haut de la main.

Tentavit pollice chordas.

Ovid., *X Mét., v.* 145.

Resonantia pollice fila.

Sil., *Pun., lib. XI, v.* 452.

Leviter expertas pollice chordas

Dat puero.

STACE, Achil., lib. I, v. 189.

. . . . . et pollice honesto

Egregios lusisse senes.

PERSE, Sat. VI, v. 5.

Lesbium servate pedem meique

Pollicis ictum.

HORAT., lib. IV, od. VI.

Et celui-ci, dont je ne me rappelle pas l'auteur :

Assuetam digitis pollice tange lyram.

Athénée exprime encore mieux que la main gauche seule touchoit les cordes, et que la droite l'aidoit du *plectrum.* (*v. Athénée, Deiphosoph, lib. XIV, cap. V, pag.* 637, *édit. de Casaubon.*

Les anciens ne prenoient pas aussi souvent une partie pour le tout, lorsqu'ils n'y étoient pas déterminés par une raison particuliere. La même observation peut se faire dans les monuments, la main gauche est ordinairement étendue, et c'est le pouce qui agit. C'est ainsi que sont représentées plusieurs muses et citharædistes dans les antiquités d'Herculanum, sur les sarcophages romains, et sur-tout dans la belle peinture connue sous le nom des noces d'Aldobrandi, à présent dans la collection du sénateur Lucien Bonaparte, l'ami des arts et leur protecteur éclairé. En analysant même le mot jouer de la lyre ou chanter à la lyre, *psallere*, en grec ψάλλειν, on voit qu'il veut dire toucher légèrement, effleurer dérivé de ψάω. *Rado. Radit iter liquidum*, Virg., Æn. V, v. 217. Près de la muse

tenant la grande lyre, dans le tome IIe
des peintures d'Herculanum, on lit *Era-*
to psaltrian , dérivé de ce mot. Celui
même de *pulsare* veut plutôt dire frapper, pousser, que tirer ou pincer les cordes : la preuve est qu'il est également employé pour le jeu de la flûte :

Tibia quas fundit, digitis pulsata canentum.

LUCRET. , *lib. IV, v.* 539.

Mais ce qui indique encore mieux l'action
de toucher ainsi les cordes, c'est un autre
passage de Quintilien, *lib. I, cap. XII* :
« Les joueurs de cithare, dit-il, emploient
« non seulement la mémoire et la voix,
« mais encore plusieurs manieres de jouer ;
« car tandis que de la main droite ils frap-
« pent quelques cordes , de la gauche ils
« tirent les autres , les retiennent, les es-
« saient, *trahunt, continent, probant* ».

Je demande ce que peut être cette action,
si ce n'est le mélange des sons graves et
aigus, harmoniques et étouffés? C'est ce
que semble indiquer Achilles Tatius,
« Un des serviteurs, dit-il, s'avança avec
« une cithare, et, touchant d'abord les cor-
« des avec les mains nues, il exécuta dou-
« cement un certain battement (τι κρωμά-
« τιον ὑπολιμενας) avec des doigts murmu-
« rants, *digitis susurrantibus* », υποψιδυ-
ριζυσι τοις δακτυλοις, puis après frappa les
cordes et commença à chanter. (*Achilles
Tatius, lib. I, cap. V, édit. de Boden.
Leipsick.* Un certain *Aspendius*, dont
parle Cicéron, passoit même pour avoir
un talent extraordinaire, parcequ'il produisoit tous ces effets de la main gauche
seulement, si la quantité de tons que les
anciens pouvoient exécuter indique la

connoissance des sons harmoniques, la nature de ces sons, et l'expression profonde qu'ils causoient, le feroit croire encore davantage. Le *selah* ou *diapsalma* des Hébreux, qui plongeoit ce peuple dans l'extase, et qu'aucun commentateur n'a pu expliquer, étoit vraisemblablement de ces accords touchants qui retentissant par intervalles et isolés, portoient un caractere auguste et solennel, on a voulu que ce fussent des pauses, des *crescendo* dans les chœurs, tandis qu'évidemment il est question des instruments qui continuoient après chaque verset des cantiques.

Suivant Platon les instruments à cordes étoient l'imitation de la flûte : ils devoient même la surpasser en beauté, puisqu'A-

pollon, disputant avec Marsyas sur la pré-
éminence de ces deux instruments, rem-
porta la victoire. Platon en bannissant
de sa république le jeu de la flûte béo-
tienne conservoit dans les écoles la lyre
et la cithare, et les croyoit seules dignes
d'accompagner les hymnes des dieux.

Les sons imitants la flûte étoient dis-
tingués par l'expression *orthion*, sons
droits ou élevés, ce qui revenoit à ce que
l'on entend à présent par *soprano*. Une
espece de lyre portoit même le nom de
orthopsalterion; Nonnus, poëte du Ve
siecle, parle de ces sons d'une maniere
remarquable (*voy. Dionysiac, XIX,
v.* 74) : « Commençant, dit-il, à agiter les
« doigts avec le mouvement ordinaire, il
« frappoit l'ordre alternatif des cordes

« tendues en faisant résonner les extré-
« mités, afin que le son ne fût pas droit,
« ὅπως μὴ τ' ὄρθιος εἴη, et ne pût efféminer
« ses accents mâles ». On voit qu'il touchoit seulement les grosses cordes ou
bien l'extrémité supérieure des cordes,
afin d'éviter de produire les sons harmoniques qui partoient principalement de
leur milieu. Ces accents sonores pouvoient se prolonger, et faire en quelque
sorte l'illusion des sons filés, comme Casimir y est parvenu par un autre procédé :
je n'en citerai pour exemple que l'his-
toire d'Eunome. Ce chanteur disputoit
le prix de la lyre ; au moment de terminer
son chant une corde casse, la victoire est
prête à lui échapper lorsqu'une cigale,
qui venoit de voler sur sa lyre, remplace
si bien par son chant la corde cassée que

le prix lui est accordé aux applaudisse-
ments de la multitude. Le chant des cigales est célebre dans Théocrite, Homere,
Virgile, et les Grecs éleverent à Eunome
une statue avec une cigale à la place de
la corde cassée. Cette analogie est encore
mieux prouvée par les expressions τίγλα-
ροι et τερετίσματα, qui vouloient dire en
même temps les sons harmonieux de la
lyre et le chant trompeur des cigales, d'a-
près l'étymologie de *Suidas* et plusieurs
passages anciens. Les idées primitives se
retrouvent ordinairement dans les images
de la nature: c'est ainsi que le mot κρόταλον
vouloit dire également l'instrument connu de nos jours sous le nom de triangle,
et le bruit que fait la cicogne en frap-
pant avec son bec ; ce qui produit en
effet le même son. De là ces vers:

Ipsa sibi plaudat crepitante ciconia rostro.

OVID, *Met.*, *lib. VI.*

Quæque salutato crepitat concordia rostro.

JUVENAL, *Sat. I*, *v.* 116.

De même on rapportoit aux chants des rossignols les accents de la voix. La terre de Genesar ou Chinnereth, dans l'écriture, est ainsi nommée parceque ses fruits étoient doux comme les sons de la lyre. Ces sons prolongés et d'une nature différente des autres devoient être supérieurs même à ceux de l'harmonica, puisque les anciens ne font presque point mention de cet instrument, qui fit de nos jours une assez grande sensation lorsque le docteur Franklin le fit reparoître ; ils en parlent si peu que les modernes s'en sont attribués l'invention, qui jusqu'à

présent ne leur a point été contestée. Il
en existe cependant une description com-
plete dans Théon de Smyrne, auteur
peu recherché quoique instruit, *pag.* 91
et 112. Il en attribue l'invention à Lasus
d'Hermione et Hippasus de Metaponte,
philosophes pythagoriciens, et ce qu'il
dit à cet égard jette de la clarté sur plusieurs passages obscurs relatifs aux instruments hydrauliques des anciens, et
prouve l'excellence des sons de la lyre,
puisqu'on ne chercha point à perfection-
ner les autres. Tels devoient être les accords plaintifs de la lyre d'Orphée, lorsque jetée dans l'Hebre de Thrace elle na-
geoit vers la mer et de là à Lesbos, où elle
fut retrouvée par Alcée plusieurs siecles
après. Le poëte de l'Eolie, qui nous a laissé
cette belle image, fait la peinture des sons

mélancoliques et touchants que votre éleve sait si bien produire.

Il eût été plus difficile de croire à la connoissance des sons harmoniques sur la lyre si le *plectrum* eût été un archet, comme plusieurs savants l'ont cru, entre autres l'abbé Barthelemy. (*voyez Anacharsis, livre III.*) Cette erreur venoit de la découverte à Rome d'un Orphée tenant une espece de viole avec un archet : l'authenticité de ce monument, si différent de tous les autres, si étranger à toutes les relations des auteurs anciens, a été contestée depuis, et l'on s'accorde à donner à présent au *plectrum* sa véritable forme, celle qu'il a dans tous les monuments. C'étoit dans l'origine un pied de chevre ou mâchoire d'animal, lorsque

la lyre elle-même n'étoit qu'une écaille de
tortue au milieu de deux cornes de bœuf ;
depuis on le fit en ivoire sous la forme
d'une feuille de lierre recourbée. On pourroit supposer, d'après un passage de Juvé-
nal, que l'archet, inconnu des Grecs, étoit
connu des Romains ; mais cet instrument
adoucissoit les sons sans les multiplier.
Au contraire la méthode des sons harmoniques, 1° produisoit les plus beaux sons
que l'on pouvoit entendre ; 2° les multi-
plioient à l'infini, puisque les quatre cordes donnoient au moins quatre octaves
completes dans tous les tons. Cette perfection n'empêchoit point les anciens d'au-
gmenter le nombre des cordes, de leur
donner des noms, et de leur assigner des
tons et des positions distinctes à mesure
que les connoissances en musique se per-

fectionnoient : ils analysoient mieux par là les effets de la musique par rapport aux mathématiques qui étoient dans ce temps étroitement unies avec elle. Les découvertes dans les deux sciences s'opéroient l'une par l'autre : le mouvement des corps célestes, le calcul des nombres se rapportoient aux effets innés, aux combinaisons naturelles des sons. La musique étoit une étude autant qu'un délassement, un mérite autant qu'un moyen de plaire, aussi tous les grands hommes, philosophes ou guerriers, s'appliquoient à l'apprendre. Epaminondas et Socrate, Alexandre et Pythagore jouoient de la lyre ; et Thémistocle passa pour un homme mal élevé, parcequ'il ne put en jouer dans un festin.

Il falloit dans l'origine trois ans pour

l'apprendre ; mais devenant plus facile par les nouvelles méthodes , les musiciens se négligerent peut-être davantage. C'est à cette raison que j'attribue le mot du roi Antigonus , cité par Ælien : On jouoit devant lui de la lyre , et de temps en temps il disoit au musicien , Resserrez la derniere, νήλην ἐπίσφιγξον, remontez celle-ci, afin qu'il exécutât ses accords sur moins de cordes, le rappellant ainsi à la science de ses peres. Le musicien lui répondit qu'il se mêlât de régner, ce qui ne laisse pas d'avoir aussi ses difficultés ; mais cela ne prouvoit rien en faveur de sa méthode.

On m'objectera peut-être que la forme de certaines lyres rendoit l'exécution des sons harmoniques impossible ; mais on

a vu plus haut comment on y pouvoit
suppléer : d'ailleurs il y avoit plusieurs
especes de lyre et plusieurs manieres d'en
jouer. Certainement le luth de Tyrtée,
qui conduisoit aux combats, étoit monté
différemment que la lyre d'Anacréon, qui
dans tous les tons ne chantoit jamais que
l'amour (*Anacréon, od. I*). David ne se
servoit pas du même instrument , ou du
moins du même mode, lorsqu'il jouoit
en dansant devant l'arche, *saltans totis
viribus coram Domino*, ou lorsqu'il cal-
moit la colere de Saül. L'écriture dis-
tingue toujours le psalterium de la cithare : *Laudate Dominum in psalterio
et cithara*, ps, CL, v. 3. *Psalterium ju-
cundum cum cithara*, ps. LXXX, v. 3:
l'un des deux se jouoit avec le *plectrum*.
Joseph. Ant., lib. VII, cap. X.

Une distinction remarquable des différentes lyres se trouve dans Homere,
qui ne se trompe jamais dans aucune
circonstance de détail. Lorsqu'Achille,
rétiré dans sa tente après sa querelle
avec Agamemnon, chante sur sa lyre les
exploits des guerriers, cet instrument est
nommé *phorminx*, qui étoit la grande
lyre ; et lorsqu'Hector reproche à Pàris
sa foiblesse, il l'accuse de jouer volup-
tueusement sur une cithare efféminée ;
pensée imitée depuis par Horace, dans
ce vers, *lib. I, od.* 5 :

. . . . . grataque feminis
Imbelli cithara carmina divides.

Alexandre - le - Grand, pressé par les
habitants d'Ilion d'examiner la lyre de
Pâris, leur dit qu'il auroit du plaisir à

voir celle d'Achille, et que l'autre n'é-
toit pas digne de l'arrêter. On peut ju-
ger de la forme de cette lyre par la peinture 8e du tome Ier d'Herculanum, où
le centaure Chiron donne des leçons à
Achille: elle est montée de onze cordes,
et peut avoir trois pieds et demi de haut;
ce qui donne aux cordes une hauteur
assez semblable à celles de la harpe.
Presque toutes les autres lyres d'Herculanum, telles que celle d'une centau-
resse, planche 28, tome Ier, d'une muse,
planche 6, tome 2, d'un Apollon, etc.,
sont de la même hauteur, avec plus ou
moins de cordes; c'est aussi la grande
lyre que tient l'Apollon Citharæde du
Musée des arts: elle est suspendue par
une courroie, afin que les deux mains
puissent y être employées. D'après toutes

ces observations, madame, et beaucoup d'autres qu'il seroit trop long de rapporter, je suis persuadé que si Casimir faisoit monter une lyre à quatre cordes, une autre à sept, et une troisieme à quinze, suivant les différents nombres de *tétrachordes* des Grecs, il parviendroit à composer sur ces trois instruments des airs qui rappelleroient ces temps anciens.

Sur la premiere il se borneroit à exécuter des airs majestueux, tel que tout annonce qu'étoit la musique primitive des Grecs. Sur la deuxieme on les verroit plus composés, sans être moins nobles. Et enfin la derniere nous donneroit une plus grande quantité d'accords, et commenceroit à se rapprocher de notre harpe, qui n'est autre chose qu'une grande lyre.

Le mot même de harpe veut dire *courbe*, épithete de la lyre:

Curvæque lyræ parentem, Mercurium.

Horace, *lib. I, od. X.*

Parvenu à jouer de ces instruments, on pourroit alors examiner attentivement les auteurs inintelligibles de la musique ancienne, et donner une explication plus juste de leur calcul et des combinaisons obscures qu'ils renferment. C'est dans l'imitation des anciens que se sont formés les grands talents modernes : Sophocle et Euripide ont produit Corneille et Racine ; la double renaissance des arts dans le XVe siecle et dans celui-ci est due au retour, à l'étude des anciens. Or comment imaginer que les Grecs, ces antiques possesseurs du beau, ces maîtres

dans tous les genres d'harmonies, fussent ignorants dans la plus belle, celle qui produisoit chez eux les plus étonnants effets.

Il étoit réservé, madame, aux talents et aux découvertes de votre éleve de nous ôter ce doute injurieux à leur égard, et ce sera un hommage de plus que nous ajouterons à tous ceux qui vous sont dus.

A. DE L***.

Le jeune Casimir, tandis qu'on imprimoit cette lettre, vient de découvrir encore le moyen de faire les plus beaux sons filés sur la harpe, en se servant d'un archet de son invention, dont il a fait l'essai, avec un plein succès, en présence de plusieurs artistes célebres parmi lesquels se trouvoit M. de Monsigny : il a joué ainsi un long adagio en sons filés et sons harmoniques, dont l'effet a paru aussi agréable que surprenant. (*Note de l'éditeur.*)